For Tina - H.B.
For my family and friends - R.D.

First published 2002 by Mantra
5 Alexandra Grove, London N12 8NU
www.mantralingua.com

British Library Cataloguing in Publication Data:
a catalogue record for this book is available
from the British Library.

মধুর যাদুর বংশীবাদক্

The Pied Piper

retold by Henriette Barkow
illustrated by Roland Dry

Bengali translation by Sujata Banerji

mantra

অনেকেই ভাবে যে এই গল্প সত্যি। আবার অনেকে ভাবে যে এ সত্যি নয়। সে যাই হোক্ না কেন, আমি তোমাদের এই গল্পটা এবার বলব।

অনেক, অনেকদিন আগে হ্যাম্লিন্ নামে এক শহর ছিল। একটা সাধারন শহর। আর সেখানে থাকত সাধারন সব লোক, তোমার আর আমার মত।

একবার সেই শহরে হঠাৎ খুব ইঁদুরের উপদ্রব শুরু হয়। ধেরে ইঁদুর, আর নেংটি ইঁদুর, পাত্লা-মোটা হাজার-কোটি ইঁদুর।

Some people believe this story is true, and others that it is not. But either way this story I will tell to you.

Many years ago, in the days of old, there was a town called Hamelin. It was an ordinary town, with ordinary people just like you and me.

One year the town had an invasion of RATS. There were big rats and small rats, fat rats and thin rats. Wherever you looked there were RATS!

বুঝতে পারছো যে শহরের লোকেরা খুবই বিব্রত। তারা সকলে দল বেধে টাউন্-হলে যায় এবং মেয়রকে বলে এর একটা কিছু ব্যবস্থা করতে।

"আপনারা কি চান?" মেয়র চিৎকার করে বলেন। "আমি কি একটা ইঁদুর ধরবার মেসিন্ নাকি?"

As you can imagine, the people of the town were very upset. They stormed to the town hall and demanded that the mayor do something.
"What do you expect me to do?" he shouted. "I'm not a rat catcher!"

ঠিক সেই মুহুর্তে এক অজানা-অচেনা লোক এসে দাঁড়ালো। গায়ে অদ্‌ভুত পোষাক পরা, আর হাতে এক বাঁশি ধরা। সব লোক অবাক হয়ে তাকিয়ে রইল। অজানা-অচেনা মানুষ দেখলে যেমন হা করে লোকে তাকিয়ে থাকে? কিন্তু সেই লোক তা গ্রাহ্যই করল না।

At that very moment a stranger appeared, wearing the most unusual clothes and holding a pipe in his hand. The crowd stared at the stranger, the way that people often stare at strangers, but that didn't bother him.

সেই অজানা-অচেনা লোক্‌টি গট্‌গট্‌ করে মেয়রের কাছে গিয়ে বলে, “সকলে আমায় বলে মধুর যাদুর বংশীবাদক্‌। আপনি যদি আমায় বিশ্‌টা সোনার পয়সা দেন্‌ তাহলে আমি সমস্ত ইঁদুর তাড়িয়ে দিতে পারি।”

এই কথা শুনে মেয়রের কান জুড়িয়ে গেল। তিনি বলেন “তুমি যদি সত্যিই তা করতে পার, তাহলে আমি আনন্দের সাথে তোমার সব পয়সা সব মিটিয়ে দেব।”

The stranger walked straight up to the mayor and introduced himself. “They call me the Pied Piper and if you pay me twenty pieces of gold I will take all your rats away.”

Well this was music to the mayor’s ears. “If you can truly do what you say, I shall be more than happy to pay you,” he replied.

সেই কথা শুনে সারা শহরের লোক হা করে তাকিয়ে থাকে। এই মধুর যাদুর বংশীবাদক্ সত্যিই কি পারবে তাড়াতে ঐ ধেরে ইঁদুর, ঐ লেংটি ইঁদুর, ঐ পাত্‌লা-মোটা হাজার-কোটি ইঁদুর?

The town's people waited and watched. Could this so called Pied Piper really get rid of all the rats - the big rats and the small rats, the young rats and the old rats?

এবার মধুর যাদুর বংশীবাদক্ তার বাঁশি বাজানো শুরু করতে, এক আশ্চর্য্য ব্যপার হোল। সমস্ত কোনা-ঘুচির থেকে ইঁদুররা বেরিয়ে রাস্তায় নেমে পরল। আর সেই মধুর বাঁশির সুরে, সব ভুলে গিয়ে তারা বংশীবাদকের পিছন পিছন চলতে শুরু করল।

The Pied Piper slowly started to play his pipe and an unbelievable thing happened. From every nook and cranny the rats poured out onto the street, and under the spell of the music, they followed the piper.

হ্যাম্লিন্ শহর পেরিয়ে তারা ওয়েসার্ নদীর পারে এসে দাড়ালো। এবার বংশীবাদক্ তার বাঁশির সুর বদলালো।
এক করুন দুঃখের সুর ধরতেই সমস্ত ইঁদুররা ঠাণ্ডা বরফের পানিতে ঝাপ্ দিয়ে ডুবে মারা গেল।

They followed him out of Hamelin town to the river Weser. Here, the Pied Piper
changed his tune and with a mournful wailing, the rats threw themselves into the icy
water and drowned.

হ্যাম্লিনের মেয়র ছিল খুবই লোভী লোক্। তিনি বংশীবাদক্কে পয়সা দেবেননা বলে ঠিকই করেছেন। এবার মধুর যাদুর বংশীবাদক্ এসে তার প্রাপ্য সোনার পয়সা চাইল। তিনি হাসতে হাসতে মাথা নেড়ে বলেন, “এবার ইঁদুররা যখন সব পালিয়েই গেছে তখন আমি আর কেন শুধু শুধু তোমার পয়সা দিতে যাব, শুনি?”

Now the mayor of Hamelin was a greedy man, and he wasn't going to give any money to a stranger. When the Pied Piper came and demanded his pieces of gold the mayor laughed and shook his head. "Now that the rats are gone why should I give you anything?" he snarled.

শহরের লোকেরা দাঁড়িয়ে সব শুনল। তারা সকলেই জানে যে মেয়র ঠিক ভালো কাজ করছেন না। কিন্তু কেউই বংশীবাদকের হয়ে কোনো কথা বলল না।

The people stood and listened. They didn't stand up for the piper, even though they knew that their mayor was wrong. They didn't say a word.

“মেয়র সাহেব আর একবার ভেবে দেখুন!” বংশীবাদক্ তাকে সাবধান করে বলে। “আপনি যদি আমার পয়সা না দেন, তাহলে আমি এই শহরে এত দুঃখের সৃষ্টি করব যে আপনি ভাবতেই পারবেন না।”

ইঁদুরের উপদ্রপের থেকে খারাপ যে কিছু হতে পারে তা মেয়র ভাবতে পারেন না। তাই তিনি চিৎকার করে বলেন, “আমি তোমায় কোনোদিনই পয়সা দেবনা!”

“Think again, mayor!” the piper warned. “If you don’t pay, then I will make this town suffer more than you can ever imagine.”

Well the mayor couldn’t think of anything worse than the rats and so he stomped off shouting:
“I WILL NEVER PAY YOU!”

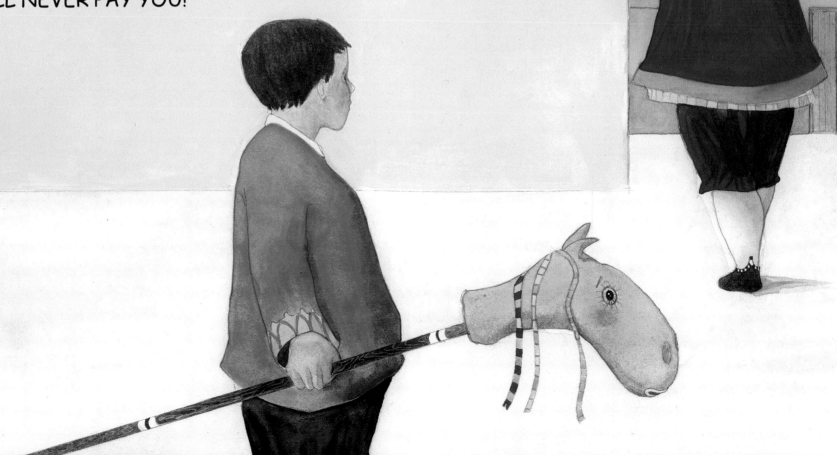

সেই দিন বিকেলে, সমস্ত লোকজন যখন তাদের শহর মেরামৎ করতে ব্যস্ত, মধুর যাদুর বংশীবাদক্ শহরের মাঝখানে এসে দাঁড়ায়। হাল্কা করে বাঁশিতে ঠোট্ ছুঁইয়ে সে এক অপূর্ব সুন্দর সুর বাজাতে শুরু করে।

That very afternoon, while the people were busy repairing their town, the Pied Piper stood in the town square. Slowly he lifted the pipe to his lips, and played a tune that no words could describe.

এমন সুন্দর মধুর বাশী শুনে শহরের সব বাচ্চারা চলে আসে। আর বংশীবাদকের চারদিক ঘিরে সেই সুর গাইতে গাইতে নাচ্‌তে থাকে।

With each new note more and more children appeared, and danced and sang to the music.

মধুর যাদুর বাঁশি বাজাতে বাজাতে এবার বংশীবাদক্ হাঠ্‌তে হাঠ্‌তে শহরের বাইরে চলে আসে। সব বাচ্চারাও সব ভুলে গিয়ে তার পিছন পিছন চলে।

The Pied Piper turned and walked out of the town playing his pipe and all the children followed, caught under the spell of his music.

তালে-তালে, সুরে-সুরে, নাচ্‌তে-নাচ্‌তে, গাইতে-গাইতে তারা সব
পাহাড়ের দিকে চলে। আর যখন যাওয়ার রাস্তা নেই তখন হঠাৎ দেখে
সামনে পাহাড়ের মধ্যে এক দরজা খোলা।

Up the hill they danced and sang to the rhythm of the tune.
When it looked like they could go no further, a door opened before them.

মধুর যাদুর বংশীবাদকের পিছন পিছন এক এক করে সমস্ত বাচ্চারা পাহাড়ের ভিতরে চিরকালের জন্য চলে যায়। একজন বাচ্চা কিন্তু পিছিয়ে পড়েছিল তাই যেতে পারেনি।

One by one the children followed the Pied Piper into the heart of the hill forever. All except one, who could not keep up with the others.

সে শহরে ফিরে এসে দেখে সেখানে শোকের ছায়া। তার কাছে সেই বংশীবাদকের সুরের কথা শুনে ভয়ে সকলের মাথায় হাত্। তারা বাচ্চাদের জন্য কত কাঁদলো, কত ডাকলো কিন্তু কোনদিনও আর তাদের দেখতে পেলনা।

When the little boy returned to the town it was as if a spell had been broken.
The people stared at him in disbelief when he told them what had happened.
They called and cried for their children, but they never saw them again.

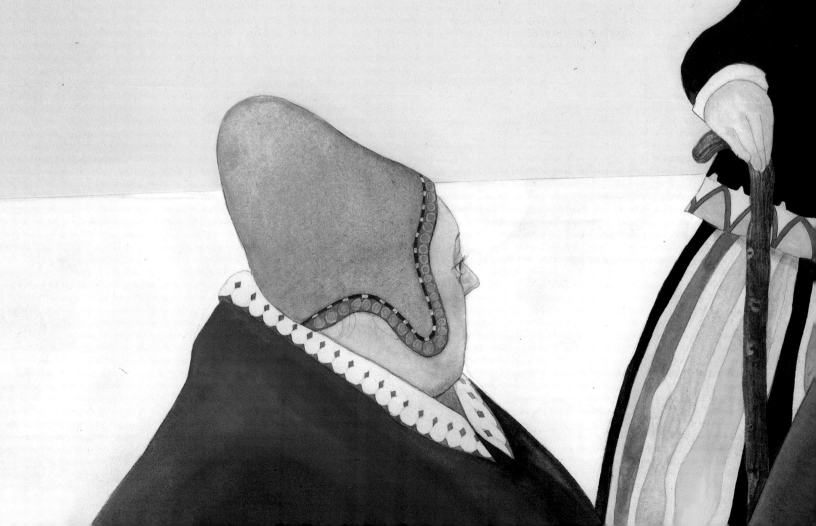

Key Words

town	শহর
people	মানুষ
rats	ইঁদুর
town hall	টাউন্ হল্
mayor	মেয়র
rat catcher	ইঁদুর ধরবার মেসিন্
stranger	অজানা-অচেনা
clothes	পোষাক্
pipe	বাঁশি
crowd	ভীড়
pied piper	মধুর যাদুর বংশীবাদক্
twenty	বিশ্
pieces of gold	সোনার পয়সা

দরকারী শব্দ

music	সুর
playing	বাজানো
river	নদী
greedy	লোভী
money	পয়সা
suffer	দুঃখ
children	বাচ্চা
danced	নাচ্তে
sang	গাইতে
rhythm	তালে
tune	সুরে
hill	পাহাড়
spell	শোকের ছায়া

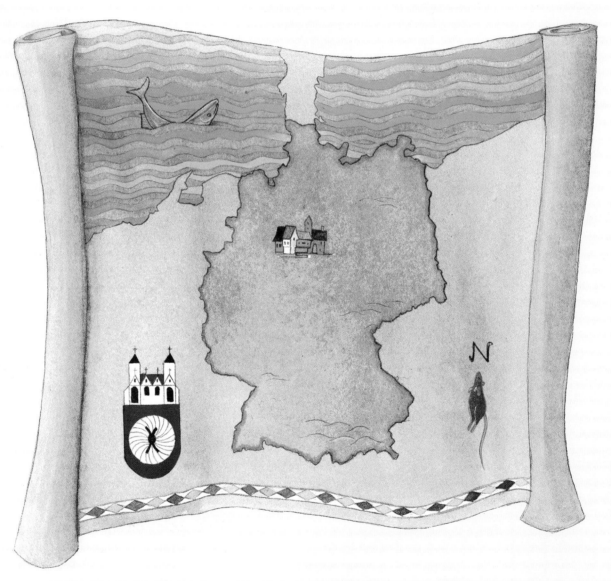

The legend of the Pied Piper originates from events that took place
in the town of Hameln in Germany. The story dates back to 1284.
If you would like more information the town of Hameln has an
excellent web site in English: http:www.hameln.com/englis

If you've enjoyed this bilingual story in Bengali & English look out for other
Mantra titles in Bengali & English

Folk stories in Mantra's World Tales Series

Buri and the Marrow- an Indian folk story
Buskers of Bremen - adapted from the Brothers Grimm
Don't Cry Sly - adapted from Aesop's Fables
Dragon's Tears - a Chinese folk story
The Giant Turnip - a Russian folk story
Goldilocks and the Three Bears
Jack and the Beanstalk - an English folk story
Not Again Red Riding Hood
The Pied Piper - a German legend
Three Billy Goats Gruff - a Scandinavian folk story

Myths and Legends in Mantra's World Heritage Series

Beowulf - an Anglo Saxon Epic
The Children of Lir - a Celtic Myth
Hanuman's Challenge - an Indian Myth
Pandora's Box - a Greek Myth

Mantra's Contemporary Story Series

Alfie's Angels
Flash Bang Wheee!
Lima's Red Hot Chilli
Mei Ling's Hiccups
Sam's First Day
Samira's Eid
The Swirling Hijaab
That's My Mum
The Wibbly Wobbly Tooth

Mantra's Classic Story Series

Handa's Surprise
Splash!
The Very Hungry Caterpillar
Walking Through the Jungle
We're going on a Bear Hunt
What shall we do with the Boo Hoo Baby?

Many of the above books are also available on audio CD. To see the full range of Mantra's resources
do visit our website at www.mantralingua.com